# POURQUOI

## LES

# 363 SERONT RÉÉLUS

## MALGRÉ ET SURTOUT **A CAUSE**

## DU

# MANIFESTE PRÉSIDENTIEL

« Le pays devant lequel la Chambre va retour-
« ner lui dira bientôt que, dans sa trop courte
« carrière, elle n'a pas cessé un seul instant
« de bien mériter de la France et de la Répu-
« blique.

*« Le Président, J. GRÉVY.*

---

PARIS

DECORCE-CADOT (BIBLIOTHÈQUE LIBÉRALE), ÉDITEUR,
70 *bis*, rue Bonaparte.

# POURQUOI

LES

# 363 SERONT RÉÉLUS

## MALGRÉ ET SURTOUT A CAUSE

DU

## MANIFESTE PRÉSIDENTIEL

> « Le pays devant lequel la Chambre va retour-
> « ner lui dira bientôt que, dans sa trop courte
> « carrière, elle n'a pas cessé un seul instant
> « de bien mériter de la France et de la Répu-
> « blique.
> « *Le Président,* J. GRÉVY. »

Dans « Pourquoi il faut être Républicain. »

Dans « Pourquoi la République durera », ainsi que dans la critique sévère de la Brochure « La Politique du Maréchal. »

Courts précis républicains que nous ne saurions trop engager les électeurs à consulter, il a été jusqu'à la dernière évidence établi et prouvé :

1° Que la République était désormais le seul gouvernement possible en France ;

Que, seule, elle nous sauvegarderait des discordes intérieures et des complications extérieures ;

Qu'il était criminel et anti-national de ne pas coopérer, chacun selon ses facultés à la stabilité absolue des « Institutions existantes », et que parler seulement de trois années de tranquillité, comme le demandent les officieux du 16 mai, est pure escobarderie, sinon duperie.

Electeurs !

Surtout au jour du vote, le 14 octobre, rappelons-nous ces dernières paroles politiques de M. Thiers :

« Ceux qui ne pouvant rien mettre à la place de
« la République, s'attachent à contrarier son établisse-
« ment, sont les vrais perturbateurs, les vrais anar-
« chistes. »

Les monarchistes sincères, mais honnêtes, n'ignorent pas que l'élévation au trône d'aucune monarchie est désormais impossible; ils en conviennent et se résignent...

Même les plus fougueux adversaires de la forme républicaine, ne pouvant rien mettre à la place, déclarent ajourner leurs prétentions à trois années... Ce qui ne les empêche pas d'essayer de miner le gouvernement légal et légitime par tous les moyens possibles, se faisant un jeu de la disparition de la fortune nationale et des fortunes particulières mises en péril par des agissements d'autant plus coupables que dans trois années le gouvernement de la République ne sera plus grâce à Dieu à la merci de leurs vulgaires ambitions.

On jurerait ces faux conservateurs payés pour faire le jeu des bonapartistes.

Les légitimistes et les orléanistes clairvoyants apprécient parfaitement leur tactique méprisable, mais savante.

Seuls, les mac-mahoniens, qui semblent privés du moindre sens politique, ne voient pas, ou semblent ignorer — car enfin tout est possible en politique — que le but évident, l'objectif présent et pressant des bonapartistes est de rendre le Maréchal-Président absolument impopulaire en le poussant à une hostilité ouverte envers les républicains.

Tactique aussi pratique que savante. En effet, comme obstacle numérique les partis légitimiste et orléaniste, n'existant pas pour les bonapartistes, et le maréchal Mac-Mahon n'existant plus lui-même, soit de fait, soit de par l'impopularité qu'ils lui auront infligée, ils resteront seuls en présence de la République. En gens de hasard, ils ne renoncent jamais à compter sur le Dieu cher aux aventuriers.

Leurs expériences, leur convoitises sont certainement chimériques. Mais elles existent, et cela suffit pour qu'ils ne négligent la moindre carte pouvant devenir un atout, fallût-il la biseauter.

Cela est-il logique? Cela est-il vrai? Personne ne saurait répondre : non.

Cela est si évident et si vrai qu'au moment même de tracer ces lignes, nous en trouvons une preuve bien inattendue signée Saint-Genest, dans le *Figaro*, journal officiel des amours vénales ; ce qui ne l'empêche pas d'être le plus important des officieux des souteneurs du 16 mai ; journal et journaliste ; adversaires implacables de la République, ce qui n'empêche pas quelquefois la vérité de s'échapper de leurs colonnes. Écoutons M. Saint-Genest :

« À l'heure où nous parlons, si, par impossible, le suffrage universel était capable d'envoyer une Chambre homogène, le plus grand péril pour le Maréchal ne serait pas une majorité républicaine, mais une majorité bonapartiste.

Car, avec une majorité républicaine, on pourrait s'entendre encore, tandis qu'avec une majorité bonapartiste, le maréchal ne restera pas huit jours.

En vain des hommes comme M. Magne invoqueraient-ils la parole donnée, l'abnégation, le sacrifice, les bonapartistes qui sont des hommes très-pratiques diraient : « En fait de sacrifices, renvoyons d'abord le Maréchal, et faisons tout de suite revenir le prince. »
Il n'est pas un homme sincère qui ne le reconnaisse.

Est-ce assez typique? Comme « ces honnêtes » gens se connaissent entre eux! Comme bien ils savent s'apprécier.

Puisqu'il est évident que malgré, envers et contre tous, ennemis déclarés et ses cauteleux ennemis,

La République durera et sera stable.

Le simple bon sens indique qu'en vertu de l'adage bien connu «pour faire un civet — non, une République, — il faut des Républicains... les électeurs choisiront donc des Républicains.

Eh bien! qui est plus digne de ce choix, sinon ceux

qui, par leur sagesse, leur prudente habileté ont si utilement travaillé à faire aimer et respecter cette forme de gouvernement, que ses ennemis se sont crus obligés de conseiller au maréchal Président de dissoudre une Chambre coupable de réduire à néant et à jamais leurs mesquines autant que coupables ambitions.

Oui, qui est plus digne que les **363** ?

Les renommer sera pour tous les Républicains un engagement d'honneur auquel pas un ne faillira.

---

Le manifeste présidentiel du **19** septembre est-il destiné à porter le trouble dans les consciences des partisans « des institutions existantes » et à faire reporter sur les candidats du Maréchal quelques votes républicains ?

En vérité, non ; et il va être bien facile de l'établir ; mais avant de discuter ce manifeste électoral, qu'il nous soit permis de, très-respectueusement, en déplorer les termes et les tendances.

Nous n'oserons pas nous écrier comme le *Temps*, feuille cependant si modérée et si réservée *du centre gauche.*

« Tout est faux ou équivoque, tout est affligeant et périlleux dans le manifeste contre-signé par M. de Fourtou. »

(Le Temps, jeudi 20 septembre.)

Nous nous bornerons simplement à faire remarquer que ce message destiné, du moins son auteur le dit, à assurer le maintien des « Institutions existantes, » est désavoué par toutes les feuilles républicaines même les plus modérées, en même temps qu'il est porté aux nues par tous les organes monarchiques et rétrogrades depuis l'*Univers*, le clérical des cléricaux, jusqu'à l'officiel bonapartiste, l'*Ordre*. Oui, le moniteur de Chislehurst va jusqu'à louer le Maréchal de parler « correctement » de la Constitution et des « Institutions existantes » mais il a soin, en avisé bonapartiste, de crier surtout bravo à la soupape révisionnaire :

« Nous sommes fondés à croire (*sic*) que le Maréchal n'a, comme nous, de dévouement à la constitution que sous la condition et la réserve de la clause de révision. »

(L'Ordre, 20 septembre.)

Toujours l'éternel refrain de la fable : tirez les marrons du feu, nous tâcherons de les croquer.

L'attitude attristée des feuilles Républicaines et la joie indécente des organes et monarchistes rétrogades sont également éloquentes.

Le *Pays* par la plume autorisée de M. Paul de Cassagnac, dit « le casseur d'assiettes » applaudit également à tout rompre, le manifeste Présidentiel, mais toujours avec la soupape de la révision.

En effet, à la même page qu'il témoigne son vif enthousiasme et, à propos des obsèques du compte Clary « aide de camp de Mgr le Prince Impérial « (*sic*) M. Paul de Cassagnac s'exprime ainsi :

« Oui nous le pleurons, car il n'a pas vu le grand jour. Comme Moïse, il n'aura qu'erré dans le désert ; et il meurt, AYANT APERÇU, DU HAUT DE LA MONTAGNE, la terre promise, L'EMPIRE A L'HORIZON, sans avoir pu y mettre les pieds. »

Du haut de la terrasse de l'Elysée mac-mahonien, les conseillers du Maréchal semblent ne pas comprendre ni voir les applaudissements et cette menace d'empire à l'horizon, riant ensemble, — drôles de conseillers !...

Décidément, avec le manifeste, M. de Fourtou, le ministre cher aux bonapartistes, a habilement travaillé : l'avenir politique du Maréchal de Mac-Mahon a reçu un rude accroc.

Peu importe à la France ! Elle fait bonne garde et aucun intrus ne se substituera à sa volonté.

Ceci dit, examinons « correctement », selon l'expression de l'*Ordre*, les déclarations solennelles du Maréchal-Président.

Il semble tout à fait inutile de s'attarder aux phrases sonores — plus de la moitié du Message — telles que « la Chambre échappant aux hommes modérés,... hostile au Président et au Sénat. » « Les dangers du radicalisme et d'une nouvelle Convention, etc., etc. Il est à présumer que le Maréchal-Président croit à tout cela puisqu'il le signe ; mais il est le seul, et l'opinion publique a depuis longtemps fait justice de ces puériles récriminations.

Élucidons seulement les points qui le méritent, en citant textuellement les passages critiques.

« On vous dit que je veux renverser la République, vous ne le croirez pas. »

Permettez, monsieur le Maréchal, comment ne pas le croire quand, pour ne citer que les faits officiels, vos ministres pourchassent tous les fonctionnaires républicains et pourvoient les administrations exclusivement de bonapartistes, de légitimistes ou de sceptiques ne croyant pas plus à vous et à personne qu'au grand Turc.

Qui, dans votre entourage ou parmi vos ministres es républicain ? Il n'en est pas un seul.

C'est donc à bon droit que le pays suspectera cette affirmation.

« Ce que j'attends de vous c'est une Chambre s'élevant au-dessus des Partis...

« Des élections favorables à ma politique faciliteront la marche régulière du gouvernement existant. »

En bon français cela signifie : « je vous garantis que les bonapartistes, les légitimistes, les cléricaux, les orléanistes que mon gouvernement vous recommande, cesseront à ma prière, d'être légitimistes, bonapartistes, etc., etc. pour s'embrasser et se congratuler fraternellement.

« J'engage de plus ma loyale parole qu'ils se feront un véritable plaisir de travailler au parfait établissement du gouvernement Républicain. »

Nous respectons trop le chef de l'État pour douter de

ses illusions personnelles, mais les électeurs que leur bon sens conseille mieux ne les partageront pas.

« Des intrigants, répondront-ils, qui sont prêts à se dévorer entre eux, rien que pour se disputer l'attache officielle, se passeraient parfaitement de la permission du Maréchal pour intriguer, disputer, et essayer de conquérir l'autorité à leur profit, dût la France périr.

Ils n'auraient qu'un seul but, battre en brèche le Gouvernement, y compris le Maréchal, pour intrôniser à sa place un Empereur ou un Roi.

Au lieu « d'assurer l'ordre et la paix » comme ajoute le Maréchal, ils porteraient le désordre et la Révolution partout ; une guerre civile serait imminente, et tout le monde devine pourquoi et comment la guerre étrangère serait à craindre.

« Comme ces électeurs ne veulent ni désordre, ni guerre civile, ni guerre étrangère, ils voteront ainsi que le bon sens leur dictera, et non selon le bon plaisir du manifeste.

« Des élections hostiles à ma politique (c'est-à-dire des députés élus voulant honnêtement le maintien et la stabilité du gouvernement existant) « deviendraient pour l'Europe un objet de défiance. »

Il n'est pas probable que M. le Ministre des affaires étrangères, duc Decazes, ait été consulté sur l'à-propos de cette déclaration. Il n'eût pas manqué de rappeler au Maréchal président les appréhensions de l'Europe entière, lors de l'événement du 16 mai. Il lui eût relu les nombreuses déclarations de paix et de confiance qu'il a été obligé de faire à la Chambre et d'expédier sous formes de dépêches.

Pout tout le monde excepté à l'Elysée, il apparaîtra étrange que les chancelleries d'Europe dont la défiance a été si vivement excitée à la seule probabilité de l'avénement d'un gouvernement aux attaches cléricales et rétrogrades, célèbrent jamais comme un événement de paix la réalisation de ce qu'elles appréhendaient.

— « Quant à moi..., je ne saurais obéir aux sommations de la démagogie.

Je resterai pour défendre... les intérêts conservateurs et pour protéger énergiquement les fonctionnaires fidèles... »

Ce paragraphe, s'il n'était accompagné de ce dernier.

« J'attends avec confiance la manifestation de vos sentiments » ne manquerait pas d'une certaine gravité, en ce que probablement à l'insu de son auteur, il apparaîtrait comme une menace.

Mais, en y réfléchissant, une menace contre qui ? contre la démagogie ? Ce n'est qu'un mot sonore qui ne fait de mal à personne.

Contre la France électorale ? la France n'en aurait cure.

En réalité c'est un moyen électoral, dicté par un grand sentiment de confiance au succès de sa politique, ou un sentiment contraire... On tente de faire peur.

Pas un Républicain ne sera dupe.

Que la France parle donc ! — Qu'elle nomme une chambre sincèrement, honnêtement républicaine, comme l'était celle des **363**.

Quelle dise respectueusement mais formellement au Maréchal qui la consulte, sans doute pour connaître son avis et y avoir égard :

Je veux une République, non de trois ans, mais stable.

Je veux quelle soit administrée républicainement par des Républicains.

Je veux, comme vous, la paix à l'intérieur et à l'extérieur

Je vous envoie quatre cents mandataires pour aider et faciliter votre tâche et interpréter mes volontés, recevez-les et acceptez-les.

Que le Maréchal président refuse d'obéir à une sommation démagogique, si jamais il lui en est fait une, il aura mille fois raison. Mais que celui s'intitulant lui-même : « soldat ne servant aucun parti » résiste et se cambre, contre « la manifestation des sentiments de la nation » attendus « avec une entière confiance » sans doute pour s'y conformer ; c'est impossible. Les officieux du 16 mai qui l'y excitent veulent le déshonorer.

Quand à nous, Républicains, nous sommes parfaitement rassurés. Quoi qu'on dise, quoi que l'on fasse, le dernier mot appartiendra toujours à la France.

### ÉLECTEURS !

Ne l'oublions pas. La voix de la France sera d'autant mieux entendue qu'elle parlera plus fort.

On nous convoque à un véritable vote plébiscitaire.

Entre : **Une aspiration nettement accentuée, à un pouvoir personnel qui serait immédiatement confisqué par les bonapartistes.**

Entre : **la République solidement édifiée.**

Il n'y a donc plus d'équivoque possible. A nous d'apprécier.

Mais il faut que tout le monde juge ; il faut que tout le monde vote.

**L'abstention serait un crime contre la nation.**

Nous voterons tous !

**Et les 363 seront réélus, ainsi que plus de cent autres excellents républicains !**

Paris. — Typ. Tolmer et Isidor Joseph, r. du Four-St-Germ., 43.